ALPHABET
DE LA
JUNGLE
GALLIMARD JEUNESSE

JOUR ET NUIT
LA JUNGLE
DE MILLE CRIS
RESONNE
ET DE MILLE YEUX D'AMBRE
LUIT
ENTRE LE KENYA
ET LE ZIMBABWE
REGNENT
LES FAUVES EXOTIQUES
ET LES SERPENTS HYPNOTIQUES
LOIN DES ZOOS

Aux yeux de bien des gens, la jungle africaine est si mystérieuse qu'elle représente le continent le plus lointain, le plus particulier, tant géographiquement que dans l'imaginaire collectif. A l'instar du crocodile, son hôte le plus célèbre, la jungle africaine baigne paisiblement dans les eaux calmes du globe, trop féroce pour être sous-estimée, trop intriguante pour être ignorée.

J'ai grandi en Somalie, terre rude située à l'est de l'Afrique, au sable sec et aux rochers brûlés par le soleil. La péninsule des Somalis s'est toujours distinguée fièrement du reste du continent, s'en éloignant pour chercher la fraîcheur auprès des eaux chaudes de l'océan Indien et du golfe d'Aden. Pourtant, la jungle lointaine faisait autant partie de mon moi profond que les plaines arides de la Somalie de mon apparence extérieure. En Afrique, nous sommes tous un peu le reflet de notre continent dans sa totalité.

Quand j'ai quitté l'Afrique pour devenir mannequin en Amérique, j'ai emporté avec moi l'esprit de la jungle. Au défilé, la tigresse a inspiré chacun de mes pas ; la gracile girafe m'a dicté mon maintien ; j'ai manifesté envers le public la même indifférence languide que celle que le guépard aurait manifestée à mon égard.

La jungle est la nuit de l'Afrique. S'il est vrai que le soleil africain darde quotidiennement ses rayons sur ce poumon émeraude, la nuit est éternelle aux tréfonds de cette jungle aux lianes tortueuses, aux fleuves lents et lourds, à la faune et à la flore extraordinaires. Comme la nuit, la jungle envahit tout. Pour bien des gens, le mot « jungle » est synonyme de danger et de menace. Rien n'est moins exact. S'il existe en effet des éléments dangereux dans la jungle, ils ne le sont que pour les intrus qui viennent mettre à mal l'harmonie de ce bel agencement. Livrée à elle-même, la jungle est un organe qui fonctionne parfaitement, apportant la vie au reste du corps qu'est l'Afrique.

IMAN

D

E

G

J

S

U

X

Y

NTILOPE
BANANES
CAMELEON
DANSE
ELEPHANT
FEU GIRAFE
HIPPOPOTAME
IMPALAS
UNGLE KRAAL
LEOPARD
MASQUE

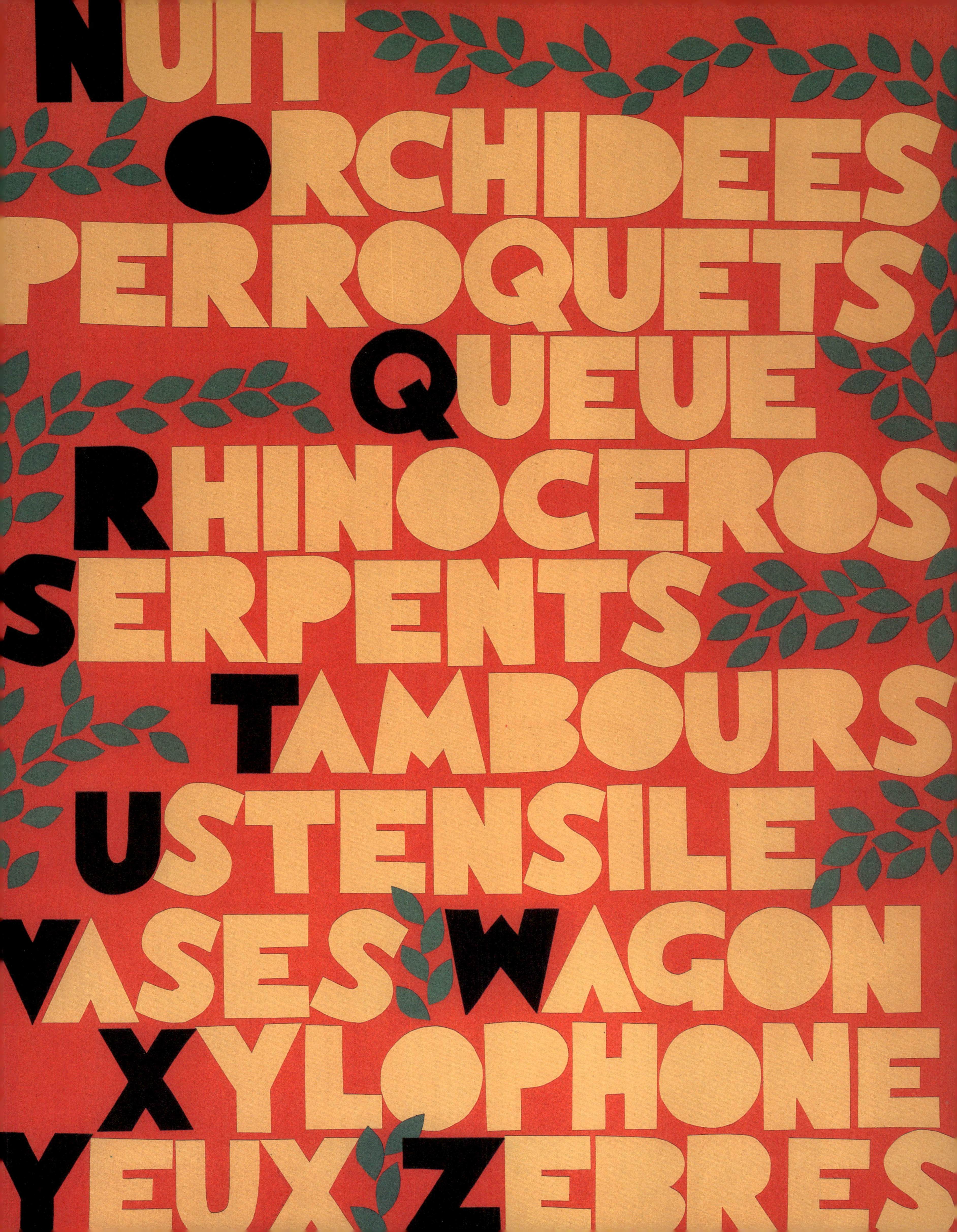
NUIT
ORCHIDEES
PERROQUETS
QUEUE
RHINOCEROS
SERPENTS
TAMBOURS
USTENSILE
VASES WAGON
XYLOPHONE
YEUX ZEBRES

MICHAEL ROBERTS

MICHAEL ROBERTS est surtout connu pour les collages évocateurs de ses couvertures du *New Yorker*, où il est rédacteur en chef Mode. Cet artiste aux multiples talents, a été également rédacteur Mode au *Sunday Times* de Londres, directeur artistique de *Tatler* et de *Vogue* à Londres, correspondant à Paris de *Vanity Fair* et collaborateur au *Condé Nast Traveler*.

Au cours des dix dernières années, ses illustrations et ses photographies sont apparues dans de nombreuses publications, parmi lesquelles *GQ*, *Esquire* et *Harpers & Queen*.

Michael Roberts réside à Paris.

***L'Alphabet de la jungle* est son premier livre.**